Secrets d'Amour
Merveilleux
des Grimoires

UNICURSAL

Copyright © 2017-2022

Éditions Unicursal Publishers
unicursal.ca

ISBN 978-2-9816864-7-3

Premiere Édition, Lughnasadh 2017
Deuxième Édition, Beltane 2022

SECRETS
D'AMOUR
MERVEILLEUX
DES
GRIMOIRES

Pour se faire aimer
Pour les Unions, Époux & Épouses
Jalousies & Infidélités
Charmes Merveilleux & Autres Secrets
La Beauté, le Corps & les Soins
De la Haine & des Rivaux

POUR SE FAIRE AIMER

Pour se faire aimer toujours plus.

Il ne suffit pas à l'homme de se faire aimer de la femme passagérement & pour une fois seulement; il faut que cela continue, & que l'amour soit indissoluble, & par ainsi il a besoin d'avoir des Secrets pour engager la femme à ne point changer ou diminuer son amour. Vous prendrez donc à ce sujet la moelle que vous trouverez dans le pied gauche d'un Loup, vous en ferez une espece de pommade avec de l'ambre gris & de la poudre de Cipre, vous porterez sur vous cette pommade, & vous la ferez flairer de tems en tems à la femme, qui vous aimera de plus en plus.

Pour se faire aimer.

Tirez de votre sang, un vendredi de printemps, mettez-le dans un petit pot de terre neuf vernissé avec les testicules d'un lièvre et le foie d'une colombe, et faites sécher le tout dans un four d'où le pain est tiré. Réduisez-le eu une poudre fine que vous ferez avaler à la personne sur qui vous avez des dessein, environ la quantité d'une demi-drachme, et si l'effet ne suffit pas à la première fois, relevez jusqu à trois, et vous serez aimé.

Pour se faire aimer de telle Fille ou Femme que vous voudrez.

Il faut dire en ramassant l'herbe des neuf chemises, dite concordia : *Je te ramasse au nom de Scheva pour que tu me serves à m'attacher l'amitié de (nommez la personne)*, et ensuite vous mettrez ladite herbe sur la personne, sans qu'elle le sache ni qu'elle s'en aperçoive, et aussitôt elle vous aimera.

De l'Amour réciproque de l'Homme & de la Femme.

Comme il n'y a rien de plus naturel à l'Homme d'aimer & de se faire aimer, je commencerai l'ouverture de mon petit Trésor par les Secrets qui conduisent à cette fin, & sans m'amuser à invoquer Venus & Cupidon, qui font les deux Divininités dominantes sur cette noble passsion de l'Homme, je dirai que Dame Nature, qui fait toutes cho ses pour l'Homme, produit tous les jours grand nombre de Créatures qui lui deviennent favorables dans les succès de ses Amours. L'on trouve assez souvent au front du Poulain de la Cavalle un morceau de chair, dont je donne ici la figure, qui est d'un merveilleux usage en fait d'amour; car si l'on peut avoir ce morceau de chair, que les Anciens ont appellé *Hippomanes* on le fera sécher dans un pot de terre neuf vernissé dans un four, quand le pain en est tiré, & en le portant sur foi, & le faisant toucher à la Personne dont on voudra être aimé, on réussira : si l'on peut avoir la commodité d'en faire avaler seulement la gros seur d'un pois dans quelque liqueur, confiture ou ragoût, l'effet fera en core infaillible; & comme le Ven dredi est le jour consacré à Venus, qui préside aux mysteres d'amour, il fera bon de faire l'expérience ce jour-là. Voïez ce que dit le célébre Jean-Baptiste Porta des surprenantes Propriétés de l'Hippomanes pour causer de l'amour.

Autre pour l'Amour.

Il suffit quelquefois de faire accepter un objet quelconque à la personne aimée. Voici une formule très usitée dans le Bengale.

Si une femme veut se faire aimer davantage de son mari, qu'elle remplisse d'eau magnétisée un verre, et après avoir soufflé soixante-dix fois dessus, qu'elle le fasse boire à son mari sous un prétexte quelconque. Il faut qu'elle répète cinq fois cette opération.

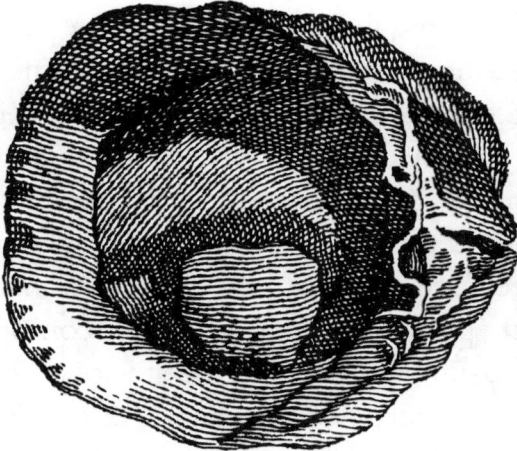

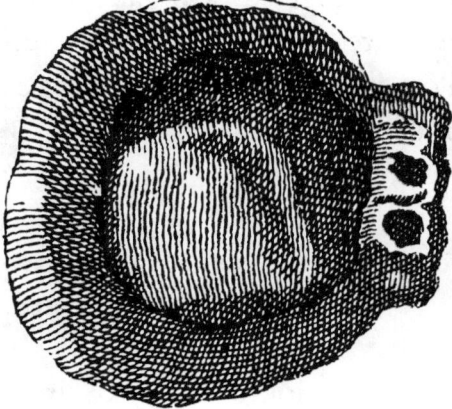

HIPOMANES

Autre pour l'amour.

Comme il se pourroit faire que la femme se dégoûteroit de l'homme s'il n'étoit robuste dans l'action de Vénus, il doit se précautionner non-seulement par les bons alimens, mais encore par des Secrets que les anciens & modernes Rechercheurs des merveilles de la nature ont éprouvés. Il faut, disent-ils, composer un baume de la cendre de stellion, d'huile de millepertuis & de civette, & en oindre le grand doigt du pied gauche & les reins une heure avant que d'entrer au combat; & l'on en sortira avec honneur & satisfaction de sa Partie.

Pour jouir de celle que tu voudras.
Secret du Père Girard.

Sois trois jours sans extraire de mercure avant que d'avaler une muscade; le quatrième jour, à jeun, tu diras; à Dieu, le *torum cultin, cultorum, bultin bultotum*, approche-toi de moi, ma compagne. Il faut avaler la muscade, en disant: approche, etc. Cela fait, quand vous irez à la selle, ne vous embarrassez point de la muscade. Ce secret sert toute la vie sans être obligé de réitérer. On doit seulement dire les trois derniers mots en soufflant au nez, ou en embrassant toutes celles dont on voudra être aimé.

Autre pour l'Amour.

Vivez chastement au moins cinq ou six jours, & le septieme, qui sera le Vendredi, si faire se peut, mangez & buvez des alimens. de nature chaude qui vous excitent à l'amour & quand vous vous sentirez dans cet état, tâchez d'avoir une conversation familiere avec l'objet de votre passion, & faites en sorte qu'elle vous puisse regarder fixement, vous & elle, seulement l'espace d'un Ave Maria: car les raïons visuels se rencontrant mutuellement y seront de si puissans véhicules de l'amour, qu'ils pénétreront jusqu'au coeur,

& la plus grande fierté & la plus grande insensibilité ne pourront leur résister. Il est assez difficile de réduire; une fille, qui a de la pudeur, a regarder fixement un jeune homme durant quelque espace de tems; mais on la pourra obliger à cela, en lui disant en badinant, qu'on a appris un Secret de deviner par les yeux si l'on doit être bientôt marié, si l'on vivra long-tems, si l'on sera heureux dans son mariage, ou quelqu'autre chose semblable qui flatte la curiosité de la personne & qui la fasse résoudre à regarder fixement.

Autre pour l'amour.

Ayez une bague d'or garnie d'un petit diamant, qui n'ait point été portée depuis qu'elle est sortie des mains de l'Ouvrier, enveloppez-la d'un petit morceau d'étoffe de soie, & la portez durant neuf jours & neuf nuits, entre chemise & chair à l'opposition de votre coeur. Le neuvieme jour, avant Soleil levé, vous graverez avec un poinçon neuf en dedans de la bague ce mot *Scheva*. Puis tâcherez par quelque moïen d'avoir trois cheveux de la personne dont vous voulez être aimé, & vous les accouplerez avec trois des vôtres, en disant: ô corps, puisse-tu m'aimer, & que ton dessein réussisse aussi ardemment que le mien, par la vertu efficace de *Scheva*. Il faudra nouer ces cheveux en lacs d'amour, en sorte que la bague soit à peu-près enlacée dans le milieu du lac, & l'aïant enveloppée dans l'étoffe de soie, vous la porterez derechef sur votre coeur autres six jours, & le septieme jour vous dégagerez la bague du lac d'amour, & ferez en sorte de la faire recevoir à la personne aimée; toute cette opération se doit faire avant le Soleil levé & à jeun.

Autre pour l'amour.

Pour ne rien dire qui choque la bien-séance, je ne copierai point ici ce que j'ai lu dans un très habile médecin, touchant la vertu nompareille du sperme ou semence humaine pour induire à l'amour, d'autant que l'expérience ne s'en peut faire sans violenter la nature qui nous fournit assez d'autres moyens. Aïez donc plutôt recours à l'herbe que l'on nomme *Enula Campana*, dont je donne ici la figure.

Il faut la cueillir à jeun la veille de la S. Jean au mois de juin avant Soleil levé, la faire sécher, réduire en poudre avec de l'ambre gris; & l'aïant portée durant neuf jours sur votre coeur, vous tacherez d'en faire avaler à la personne dont vous desirez d'être aimé, & l'effet suivra. Le coeur d'Hirondelle, de Colombe, de Passereau, mêlé avec le propre sang de la personne qui veut se faire aimer, a le même effet.

Autre pour l'amour.

La pommade composée d'oing de jeune Bouc, avec de l'ambre gris & de la civette, produit le même effet, si l'on en frotte le gland du membre viril; car cela

Enula Campana

produit un chatouillement qui donne un merveilleux plaisir à la femme dans l'action du coït.

Autre pour l'Amour.

Versez de l'huile de lys blanc dans une coupe de cristal, récitez sur cette coupe le psaume 137ᵉ, que vous terminerez en prononçant le nom de l'ange *Anaël* et celui de la personne que vous aimez. Ecrivez ensuite le nom de l'ange sur un fragment de cyprès que vous plongerez dans l'huile ; puis de cette huile vous oindrez légèrement vos sourcils et vous lierez à votre bras droit le morceau de cyprès.

Cherchez ensuite le moment favorable pour toucher la main droite de la personne dont vous désirez l'amour, et cet amour naîtra dans son cœur. L'opération sera plus puissante, si vous la faites au lever du soleil, le vendredi qui suit la nouvelle lune.

Pour l'amour.

1er vendredi de la lune.
Achetez sans marchander ruban rouge de 1/2 aune au nom de la personne aimée. Faites un nœud en lacs d'amour et ne le serrez pas, mais dites *Pater* jusqu'à *in tentationem*, remplacez *seb libera nos a malo* par *ludea-ludei-ludeo*, et serrez en même temps le nœud.

Augmenter d'un *Pater* chaque jour jusqu'à 9, faisant chaque fois un nœud.

Mettre le ruban au bras gauche contre la chair. Toucher la personne.

Pour réussir en amour.

Prenez cinq de vos cheveux, unissez-les à trois de la personne que vous aimez et jetez-les dans le feu en disant « *Ure, igne Sancti Spiritus, renes nestros et cor nostrum, Domine Amen.* » Vous réussirez dans votre amour.

Autre pour l'amour.

Il y a des secrets que l'on appelle chez les sages Cabalistes, Pomme d'amour, & il se pratique en cette maniere. Vous irez un Vendredi matin avant Soleil levé dans un Verger fruitier, & cueillerez sur un arbre la plus belle Pomme que vous pourrez; puis vous écrirez avec votre sang sur un petit morceau de papier blanc votre nom & surnom, & en une autre ligne suivante, le nom & surnom de la personne dont vous voulez être aimé, & vous tacherez d'avoir trois de ses cheveux, que vous joindrez avec trois des vôtre qui vous serviront à lier le petit billet que vous aurez écrit avec une autre, sur lequel il n'y aura que le mot de *Scheva*, aussi écrit de votre sang, puis vous fondrez la Pomme en deux, vous en ôterez les pepins, & en leur place vous y mettrez vos billets liés des cheveux, & avec deux petits brochettes pointues de branches de Mirthe verd, vous rejoindrez proprement les deux moitiés de Pomme & la ferez sécher au four, en sorte qu'elle devienne dure & sans humidité comme les Pommes seches de Carême; vous l'envelopperez ensuite dans des feuilles de Laurier & de Mirthe, & tacherez de la mettre sous le chevet du lit où couche la personne aimée, sans qu'elle s'en apperçoive, & en peu de tems elle vous donnera des marques de son amour.

Pour endormir toutes les personnes de la maison où se trouve une jeune fille qu'on aime.

On récite une incantation au sommeil en regardant avec insistance et ferme volonté la maison où se trouvent les parents dont la surveillance est gênante.

On l'asperge avec de l'eau consacrée et on fait couler à l'intérieur un peu d'eau consacrée en l'introduisant par la rainure de la porte et l'on frotte le bois de la porte avec le suc d'un pavot coupé au jour et à l'heure de Vénus.

Autre pour l'Amour.

Si le Mari trouve que fa Femme soit de complexion froide, & ne se plaise au déduit, qu'il lui fasse manger les couillons d'Oie, & le ventre de Liévre assaisonnés de fines épices, & de tems en tems des salades où il y ait beaucoup de roquette, de satirion & de céleri avec vinaigre rosat.

Pour faire naître l'amour.

Si vous pouvez coller au dossier du lit d'une femme ou d'une fille, le plus près possible de l'endroit où repose sa tête, un morceau de parchemin vierge sur lequel vous aurez écrit : « Michaël, Gabriel, Raphaël, faites que (mettre ici le nom de la personne) conçoive pour moi un amour égal au mien. », cette personne ne pourra s'endormir sans penser à vous, et bientôt l'amour naîtra dans son cœur.

Pour éveiller l'amour d'une jeune fille qu'on veut épouser.

On place sur le feu vingt-et-une branches épineuses dont les épines seront dirigées vers l'Orient, et vingt-et-un rameaux de jujubier, attachés avec un fil rouge ; puis on chauffe devant ce feu, trois jours de suite et trois fois chaque jour, des branches de sureau enduites de beurre.

Le soir, on renverse son lit, on suspend au-dessus, avec trois cordes neuves une bouillotte pleine d'eau chaude ; une fois couché sur le lit ainsi renversé, on balance la bouillotte en la poussant avec les orteils.

Dans ce rite figurent divers symboles : le feu qui représente la passion, le rouge couleur de l'amour, des végétaux consacrés à Vénus, le lit renversé indique qu'on ne devra pas dormir sur la couche nuptiale, mais seulement y aimer et la bouillotte figure le cœur ardent de la jeune fille, qui palpitera sans cesse.

Pour obtenir l'amour de quelqu'un.

Il faut écrire sur du parchemin vierge ces mots :

« Sator, Arepo, Tenet, Opera, Rotas, Jah, Jah, Jah, Enam Jah, Jah, Jah, Kether, Chokmah, Binah, Tedulah, Teburah, Tipheret, Netzah, Hod, Jesod, Malkouth, Abraham, Isaac, Jacob, Shadrach, Meshach, Abednego, venez tous pour m'aider pour tout ce que je désire. »

Pour qu'elle n'aime que vous.

Bouc. Prenez de la fiente de bouc avec de la farine de froment, faites sécher le tout ensemble, ensuite pilez-le et mettez-le chauffer avec de l'huile seulement ; après cela frottez-vous-en tout autour du prépuce au moment du coït, il est sur que votre femme n'aimera que vous. La même chose arrive en se servant seulement de suif de bouc.

Pour s'assurer l'amour d'une jeune fille.

La toucher, la première fois qu'on lui parle, avec une pâte composée d'onguent magique, du suc d'herbes de Vénus, de bois de réglisse et de terre de gazon, le tout broyé entre deux copeaux pris à un arbre et à une plante grimpante enlacée autour de son tronc.

Pour se faire aimer.

Ayez une bague d'or garnie d'un petit diamant, qui n'ait point été portée depuis qu'elle est sortie des mains de l'ouvrier, enveloppez-la d'un petit morceau d'étoffe de soie, et la portez durant 9 jours et 9 nuits, entre chemise & chair à l'opposition de votre cœur. Le neuvième jour, avant Soleil levé, vous graverez avec un poinçon neuf en dedans de la bague ce mot: *Scheva*. Puis tâcherez par quelque moyen d'avoir trois cheveux de la personne dont vous voulez être aimé, et vous les accouplerez avec trois des vôtres, en disant: « *O corps, puisse-tu m'aimer, et que ton dessein réussisse aussi ardemment que le mien, par la vertu efficace de Scheva.* » Il faudra nouer ces cheveux en lacs d'amour, en sorte que la bague soit à peu près enlacée dans le milieu du lac, et l'ayant enveloppée dans l'étoffe de soie, vous la porterez derechef sur votre cœur encore six jours, et le septième jour vous dégagerez la bague du lac d'amour, et ferez en sorte de la faire recevoir à la personne aimée. Toute cette opération doit se faire avant le soleil levé et à jeun.

Pour obtenir son amour.

En conversant avec la jeune fille dont vous désirez obtenir l'affection, feignez de vouloir faire son horoscope afin de deviner, par exemple, si elle sera bientôt mariée. Tâchez, dans cet entretien, qui doit avoir lieu sans témoin, qu'elle vous

regarde en face, et, quand vos regards seront unis, dites résolument: « *Kaphe, Kasita,
non Kapheta et publica filii omnibus suis.* » Ne
vous étonnez point de ce langage énigma-
tique dont vous ignorez le sens occulte ;
et si vous l'avez prononcé avec foi ; vous
serez prochainement aimé.

Pour charmer avec les lettres d'amour que l'on écrit.

Voulez-vous que vos billets ou vos
lettres obtiennent le succès qui com-
blerait vos vœux ? Prenez une feuille de
parchemin vierge et couvrez-la, sur deux
côtés, de l'invocation ci-après : « *Adama,
Evah, comme le créateur tout puissant vous unit,
dans le paradis terrestre, d'un lien saint, mutuel
et indissoluble, ainsi le cœur de ceux à qui j'écrirai
me soit favorable et ne me puisse rien refuser : Ely
† Ely † Ely.* »

Il faut brûler cette feuille de parchemin et recueillir avec soin toute la cendre ;
puis ayez de l'encre qui n'ai jamais servi ;

versez-là dans un petit pot de terre neuf ;
mêlez-y cette cendre avec sept gouttes de
lait d'une femme qui allaite son premier-
né et ajoutez-y une pincée d'aimant réduit
en poudre. Servez-vous ensuite d'une plume neuve que vous taillerez avec un canif
neuf. Toute personne à laquelle vous écrirez avec l'encre ainsi préparée sera dispo-
sée, en lisant votre lettre, à vous accorder
tout ce qui sera en son pouvoir.

POUR LES UNIONS, LES ÉPOUX & ÉPOUSES

Cadeaux qu'une fille doit faire pour conserver l'amour de son fiancé.

Prends trois cheveux de ta tête, roule-les en une petite boule très serrée, et arrosée de 3 gouttes de sang du doigt gauche de l'alliance. Porte cela dans ton sein, ne soufflant mot à personne, pendant 9 jours et 9 nuits ; puis renferme les cheveux dans une cavité de bague ou de broche, et présente cela à ton amant ! Durant tout le temps qu'il portera ce bijou son cœur sera pour toi et rien que pour toi.

Une longue mèche de cheveux mêlée avec des poils de chèvres et arrosée de 9

gouttes d'essence aura le même effet ; mais
garde toute ta vie le secret le plus absolu
sur ces opérations, si tu les as pratiquées :
la moindre parole dite par toi sur ce sujet,
même aux personnes de ton entourage le
plus intime, détruirait immanquablement
ton bonheur conjugal.

Pour savoir, en général, si l'on se mariera.

Choisis un vendredi jeune fille curieuse ; de préférence un vendredi de la
Lune montante ou mieux encore quand la
Lune est dans le signe du Taureau ou dans
celui de la Balance.

Le jour choisi, tu prendras un bain au
matin, dans la rivière si tu le peux, et tu iras
au jardin ensuite cueillir une petite poignée
de marjolaine, une de thym et une de roses bengale. Cache-les dans ta chambrette,
fais-les sécher pendant sept jours. Le vendredi suivant, réduis ces plantes en fine
poussière, avec soin et sans impatience.

Tu prendras ensuite le double de farine d'orge, et tu feras un gâteau, avec le lait d'une génisse rouge, saine et jeune.

Ne cuis pas le gâteau mais enveloppe-le dans une feuille de papier bien nette et bien blanche ; place le tout à la tête de ton lit ; le soir couche-toi, la tête appuyée du côté droit sur le dit gâteau.

Prends bien garde que le papier soit net.

Si tu rêves de musique, et des fêtes, choses vénusiennes, les vœux de ton cœur seront bientôt remplis.

Pour savoir si l'on est aimé d'une certaine personne.

Prendre une pomme, la couper en deux avec un couteau bien aiguisé ; si l'on peut faire cela sans couper un pépin, le désir de ton cœur sera accompli mais, si tu coupes par hasard un pépin, tu n'auras pas gagné l'amour de la personne.

Pour rêver à l'homme que l'on va épouser.

Pour rêver à l'homme que tu dois épouser, mets-toi à ta fenêtre la veille de la Saint-André et prends une pomme de ta fenêtre sans remercier la personne qui te l'offrira. Coupes le fruit en deux; manges-en la moitié avant minuit et la moitié après minuit: dors ensuite; tu verras dans le sommeil ton futur mari.

Ou bien, au moment de t'aller coucher va cueillir une feuille de lierre et place-la sans la regarder sous ton oreiller; tu rêveras de celui que tu aimes.

Autre secret sur le même sujet.

A partir de la Saint-Jean, va les trois jours suivants examiner, une fois par jour, les roses de ton jardin et choisis-en une bien rouge et qui te semblera devoir s'épanouir le troisième jour: mais ne la touche qu'avec tes yeux seulement. Le

matin du quatrième jour, lève-toi avec le
soleil, en prenant garde à ce que personne
ne te voie, va couper cette rose, et porte-
la dans ta chambre. Là, tu auras préparé
comme pour le secret précédent, un réchaud et un peu de soufre. Expose la fleur
à la fumée sulfureuse jusqu'à ce qu'elle ait
complètement changé de couleur; place-
la alors sur une feuille de papier où seront
inscrits ton nom, Ie nom de ton meilleur
ami, la date du jour, du mois, de l'année,
de la lune, le nom du signe zodiacal et
de la planète en domination. Fais-en un
pli cacheté de trois cachets; enterre au
pied d'un arbre auquel tu cueilleras une
fleur que tu porteras sur toi pendant neuf
jours. Au neuvième jour, déterre ton vol,
à minuit, toujours sans que l'on te voie, va
de suite au lit, couche-toi la tête sur ton
talisman. Tu auras un rêve très significa-
tif. La fleur peut te servir pendant trois
nuits.

Pour rêver de son futur époux.

Voici encore un secret très efficace si tu sais le garder pour toi seule. Choisis le jour de ta fête et lève toi dans la nuit, deux heures avant le soleil; prends bien garde que personne ne te voie et cours au jardin cueillir une branche de laurier. Reviens dans ta chambre, où tu auras préparé un réchaud avec un peu de soufre: allume le réchaud et expose ta branche de laurier à la fumigation sulfureuse en comptant de 1 à 365, qui est le nombre mystique du nom d'un ange très puissant. Enveloppe alors le laurier dans une toile blanche, avec un papier net et acheté exprès, où tu auras écrit avec une plume neuve ton nom et celui de ton amoureux ou de tes amoureux si tu en as plusieurs; ajoute le nom du jour de l'année où tu te trouves, la date, le jour de la lune et le nom de la planète dominante. Va ensuite enterrer le paquet dans un endroit secret. Déterre-le au bout de trois jours et de trois nuits, place-le sous ton oreiller, pendant trois nuits de suite, et tous tes rêves se rapporteront à l'époux auquel le Ciel t'a destinée.

Pour voir en rêves son futur mari.

Voici un autre rite plus facile. Choisis le soir de la première pleine Lune de l'Année : travaille beaucoup toute la journée et fatigue-toi un peu plus que de coutume. Après le repas du soir va te laver les mains, la bouche, les yeux, et mouille toi de quelques gouttes d'eau les cheveux derrière la tête. Sors, va vers un endroit écarté, la barrière d'un champ par exemple, appuie-toi sur le bâton qui ferme cette barrière, et fixe la lune en disant trois fois lentement :

« Salut ! salut ! à toi !
Cette nuit, ô Lune, dis-moi
Celui qui m'épousera. »

Salue alors la Lune très bas et reviens en silence te coucher. Si ton cœur est ferme, tes rêves seront certainement de ton futur mari.

Pour connaître son futur amant ou époux en songes.

Tu peux aussi intéresser Saint Pierre à ton affaire. Pour cela, choisis la nuit qui précède la veille de sa fête, neuf clefs. Il vaut mieux que tu te les procures sans les emprunter à cause du secret qu'il faut tenir sur ces choses. Prends de tes cheveux, fais-en une petite natte à trois mèches, et attaches-en les extrémités ensemble en y faisant neuf nœuds, après les avoir passés dans les têtes des neuf clés. Lie le tout ensemble à ton poignet gauche au moyen de la jarretière de ta jambe gauche; serre l'autre jarretière autour de ton front, et immédiatement avant de te mettre au lit, fais avec ferveur l'invocation suivante :

« † *Saint Pierre, ne vous courroucez pas. Pour essayer votre faveur, j'ai agi de la sorte. Vous êtes le seigneur des clés; exaucez-moi je vous prie; donnez-moi la preuve de votre pouvoir; et faites-moi voir mon amant et mon futur époux. Amen.* † »

Afin de connaître son sort conjugal.

Voici maintenant quelques augures qui te feront connaître ton sort conjugal.

A la Saint-Sylvestre, prends ton soulier gauche et lance-le dans les branches d'un charme. Si le soulier reste accroché, tu te marieras dans l'année. Mais si après ravoir jeté neuf fois, il retombe toujours, plusieurs années se passeront avant que l'on ne te conduise à l'autel.

Autre secret.

Prends deux morceaux de ruban, de même qualité, de même couleur, qui sera gorge de pigeon et de même longueur qui sera celle de ton tour de taille pris sur la peau. Tu les plieras en deux pour en connaître le milieu ; et tu les attacheras ensemble par le milieu avec un morceau de soie de même couleur. A ce morceau de soie, attache une alliance que tu auras empruntée à une amie; tu auras aussi suspendu au mur, en dehors de la fenêtre l'épingle de cravate de ton amoureux, que tu lui auras demandée sans qu'il sache pour quelle fin. Tu attacheras tes rubans par le nœud de soie à ladite épingle; et tu en fixeras les quatre bouts au mur, avec des épingles, de telle sorte qu'ils forment une croix droite. Le mur doit être exposé au soleil et les rubans ne doivent être ni regardés, ni touchés pendant l'espace de trois heures. Si, au bout de ce temps, ils ont changé de couleur tu n'épouseras pas l'amoureux du moment. S'ils ont conservé leur couleur, tu te marieras bientôt et tu seras très heureuse.

L'avenir conjugal par les cartes.

Voici comment un jeu de cartes ordinaires peut révéler à toi et à quelques-unes de tes compagnes, votre avenir conjugal. — Invite deux, quatre ou six de tes amies : jette un jeu de piquet dans un sac de toile : secoue-les et passe à tes compagnes pour que chacune mêle les cartes sans les toucher le jour du Mariage de la Vierge ; observe bien l'ordre dans lequel toi et tes amies auront secoué le sac dans l'ordre inverse, que chacune tire une carte sans regarder. Celle qui tirera la plus haute carte, se mariera la première, qu'elle soit jeune vieille, ou veuve celle qui a la plus basse carte, se mariera la dernière.

Découvrir l'âge de son futur maître.

Veux-tu savoir quel âge aura ton futur maître : prends neuf graines de la pomme épineuse, que les savants appellent *Datura Stramonium*, neuf pincées de terre fraîchement labourée, en neuf endroits d'un champ, et de l'eau puisée en neuf sources ou réservoirs. Fais un gâteau du tout, et pose-le sur le sol, à la croisée de quatre chemins, au lever du soleil le jour de Pâques ou à la Saint-Michel. Cache-toi aux environs et observe la première personne qui posera le pied sur le gâteau si c'est une femme ton mari sera veuf ou vieux si c'est un homme, ton mari sera jeune.

Pour connaître la condition de ton futur amant ou mari.

Choisis la nuit du samedi au diman-che qui est le plus proche de la Saint-Léon ; prends une noisette, une noix et une muscade ; réduis-les en poudre ; mélange intimement et fais-en neuf petites pilules agglutinées avec le beurre fait avec du lait trait de tes propres mains. Mange ces neuf pilules en te mettant au lit ; tes rêves te révéleront la condition de la personne que le sort te destine. Si tu rêves de richesses, tu épouseras un noble ou un homme aisé ; si tu rêves de toile blanche, ton amant sera un prêtre ; si tu rêves de la nuit, ce sera un avocat, si ce doit être un commerçant, tu entendras du tumulte ; si un soldat ou un marin, tu rêveras de tonnerre et d'éclairs ; si un domestique, de la pluie.

Pour savoir si le mariage sera heureux ou malheureux.

Les filles de pêcheurs font la cérémonie suivante pour interroger leur destin à ce sujet. Elles vont la veille du jour de l'an ou de la Saint-Georges à la croisée de quatre routes, à minuit, portant une petite bouteille d'eau-de-vie et un poisson frit. Là, elles s'assoient par terre plaçant la bouteille et le poisson devant elles, et elles attendent immobiles et silencieuses.

La forme de leur mari s'élève alors tout doucement: s'il prend le poisson, le mariage sera heureux; s'il prend l'eau-de-vie, le mariage sera malheureux.

Même sujet grâce à l'ornithomancie.

Voici d'autres signes appartenant à la science que les anciens appelaient ornithomancie.

Si, en te promenant, tu aperçois une pie seule, c'est mauvais signe, surtout si elle vole devant toi et vers ta gauche. Si elle vient ensuite à voler du côté de ta dextre, c'est bon signe. Si tu aperçois deux pies, il te sera fait une proposition avantageuse de mariage ou un héritage. Si les pies volent devant toi, du côté droit, cela veut dire que ton mariage ou celui d'un proche aura lieu très vite.

Pour découvrir le nom de son mari.

Tu peux découvrir, pour toi-même ou pour une amie, les premières lettres du nom de famille ou du prénom du mari futur. Pour cela, tu prendras une petite Bible, et tu rouvriras au chapitre VII versets 6 et 7 du *Cantique des Cantiques*; tu prendras la clé de ta porte et la mettras dans cette page à la hauteur du verset. Tu fermeras le livre avec la clé dedans et attacheras le tout solidement avec ta jarretière gauche. Puis si tu es seule, tu soutiendras en l'air le livre en le suspendant en équilibre comme sur un pivot, par le bout du

petit doigt de la main gauche. Si tu es avec
une amie, vous vous arrangerez pour sou-
tenir la clé en même temps. Le livre bien
en place et immobile, tu liras à haute voix
les deux versets et tu commenceras à épe-
ler tout haut et lentement les lettres de l'al-
phabet. La Bible se balancera dès que tu
auras prononcé la lettre qui commence le
nom du futur.

Un vœux pour se faire aimer.

J eune fille ou jeune garçon, qui avez un
amour au cœur, si vous trouvez par
terre un morceau d'étoffe rouge, surtout si
c'est de la laine, ramassez-le diligemment,
en faisant un souhait pour la prospérité
de votre amour, ou pour en trouver un et
portez-le sur vous comme amulette.

Votre souhait sera aussi efficace si vous-
même n'ayant point une affection faites le
souhait pour telle ou telle personne.

Autre secret curieux.

Voici une remarque curieuse : Lève-toi avec le soleil, le 14 février, jour de la saint Valentin, et fleuris-toi de suite d'une touffe de crocus jaunes. Le premier qui entrera dans la maison sera ton futur mari ou tout au moins, portera le même nom que lui.

Pour connaître son avenir conjugal.

Les billets galants que t'envoie ton amoureux peuvent te servir, à son insu, pour éprouver sa valeur. Il te suffit pour cela, lorsque tu as reçu de lui une lettre où il exprime nettement son affection pour toi, de placer cette lettre grande ouverte sur la table, et de la regarder en comptant tout bas, lentement jusqu'à soixante-et-douze. Puis tu la plieras en trois dans le sens de la largeur, puis en trois dans le sens de la hauteur. Epingle donc ce billet ainsi plié, sons ton corsage du côté du cœur ; et laisse l'y jusqu'au soir où, en te couchant, tu le poseras sous ta tête. Si tu pleures ou que ton amoureux te salue, méfie-toi ; c'est un fourbe ; si tu rêves de pierres précieuses, il est au contraire fidèle et tiendra des promesses. Si les rêves sont de toiles blanches, tu se-ras veuve.

Pour rêver de son futur mari.

Ou encore, cueille le matin du même jour, cinq feuilles de laurier ; épin-gles-en une à chaque coin de ton oreiller, et la dernière au milieu. Avant de t'endor-mir, répète sept fois la prière suivante :

« ô grand saint Valentin, protecteur des amoureux, fais que je puisse voir tout à l'heure celui qui sera pour moi un ami fidèle et plein de tendresse. » Tu verras en rêve ton ami.

Pour assurer le succès en amour.

Si un jeune homme peut se procurer le soulier de celle qu'il aime, et qu'il le porte constamment sur son cœur, ou s'il le suspend dans une couronne de feuilles de rue, à la tête de son lit, il peut être assuré du prompt succès de son amour.

Pour obtenir l'apparition de l'époux futur de trois jeunes filles.

Voici une pratique venue des druidesses ; elle sert pour obtenir l'apparition de l'époux futur de trois jeunes filles. — Tresse avec deux de tes amies vierges comme toi une guirlande longue d'un peu plus de trois pieds, avec du genièvre et du gui à baies blanches. Le gui de chêne est préférable. Ceci doit être fait un mercredi on un vendredi plutôt aux environs de Noël. Attachez à chaque entrelac de votre guirlande un gland de chêne ; arrangez-vous de façon à ce que vous soyez seule un peu avant minuit; fermez à clé la porte, suspendez la clé au-dessus de la cheminée, ayez un bon feu, et ouvrez une fenêtre. Gardez toutes trois le silence; puis vous serez muni d'une latte de bois blanc de deux pieds et demi. Vous enroulerez autour de cette latte votre guirlande en vous occupant toutes les trois ensemble à cette besogne. Vous la poserez sur le brasier, puis vous recalant en silence mettez le genou gauche en terre, tenant chacune votre livre de messe ouvert à l'office du mariage. A la minute ou le dernier gland sera consumé, chacune verra son propre époux dont la forme restera invisible pour les deux autres. Si l'une de vous aperçoit un cercueil ou une forme analogue, traversant lentement la chambre, cela veut dire qu'elle ne se mariera pas. Allez ensuite vous coucher, vous aurez toutes des révélations remarquables en songe.

Secret pour évoquer l'image du futur mari.

Voici un autre secret pour évoquer dans le futur l'image de ton mari; seulement je te préviens qu'il est parfois dangereux, surtout si tu ne suis pas à la lettre les prescriptions indiquées.

La nuit de vendredi qui précède le dimanche de Quasimodo, pars seule et en secret pour un carrefour à quatre chemins dans la campagne. Arrivée là, défais ta chevelure, et rejette tes cheveux en arrière, comme les portaient autrefois les prophétesses de Celtide. Tu auras pris à la maison une aiguille qui n'aura jamais servi, et te piquant le petit doigt de la main gauche, tu laisseras tomber trois gouttes de sang sur le sol, en répétant à chaque fois *« Je donne mon sang à celui que j'aime, que je vais voir et qui sera à moi. »* Alors, la forme de ton mari futur s'élèvera doucement du sang, pour s'évanouir aussitôt qu'elle sera formée.

— Ramasse soigneusement la boue que ton sang aura faite en se mêlant à la terre;

puis te tournant vers l'est, le nord, l'ouest et le midi, jettes-en à chaque fois, le quart par dessus ton épaule gauche, en disant : *« Esprits, retournez dans vos domaines, au nom du Père Tout Puissant. »* Puis, tu feras une neuvaine à l'autel de la Vierge en l'honneur des esprits élémentaires. Si tu oublies une de ces prescriptions, il t'arrivera une catastrophe peut-être mortelle dans l'année.

Autre secret pour le même sujet.

Il y a encore un autre secret pour obtenir le même renseignement. Il faut pour le mener à bien être un nombre impair de jeunes vierges ; elles doivent confectionner un gâteau avec de la fleur de farine, une pomme, neuf graines de stramoine, de l'ache, de la verveine, et du lait d'une vache qui n'ait encore vêlé qu'une fois. Elles doivent cuire le dit gâteau un vendredi soir qui soit le 13eme jour d'une lunaison ; puis entre onze heures et minuit, tracer sur le gâteau chacune avec une de

ses épingles à cheveux autant de divisions
qu'elles sont de consultantes ; que chacune
inscrive sur la partie du gâteau qui lui est
réservée les trois premières lettres de son
nom ; puis qu'elles laissent le gâteau devant le feu, et quelles retournent rasseoir
en silence le long des murs de la chambre
en regardant le gâteau, après ravoir tour-
né trois fois, chacune dans ses mains. Au
douzième coup de minuit, elles verront la
forme d'un homme traverser la chambre
et mettre la main sur le gâteau. La por-
tion du gâteau à laquelle le fantôme aura
touché, indiquera le nom de celle qui se
mariera la première.

Comment on peut rêver à la personne que l'on doit épouser.

Un homme veut-il voir en songe l'image de la femme qu'il doit épouser ? Il
faut avoir du corail pulvérisé, de la poudre
d'aimant, du sang de pigeon blanc et en
faire un morceau de pâte qu on enfermera

dans une large figue, après l'avoir enveloppé dans un carré de soie bleue. Se le mettre au cou et placer sous son chevet une branche de myrthe, puis dire cette oraison : « *Kyrie clementissime, qui Abraham servo tuo dedistis uxorem et filio ejus obedientissimo per admirabile signum indicâsti Rebeccam uxorem, indica mihi servo tuo quam nupturus sim uxorem, per mysterium tuorum Spirituum Baalibeth, Assaibi, Abomostith, men, Amen.* »

Il faut le matin se remettre en l'esprit l'image que l'on aura vue en songe. Si l'on a rien vu, il faut répéter l'expérience magique trois vendredis de suite : et si, après cette troisième opération, nulle vision ne se produit, on peut augurer qu'il n'y aura point mariage.

Si c'est une fille qui désire voir en songe l'homme qu'elle épousera, elle doit prendre une petite branche de peuplier, la lier avec ses bras d'un ruban de fil blanc et serrer le tout sons son chevet. Puis elle se frottera les tempes avec du sang de huppe avant de se mettre au lit et récitera l'oraison précédente.

Pour faire voir aux Filles ou Veuves, durant la nuit, le mari qu'elles doivent épouser.

Il faut qu'elles aient une petite branche de l'arbre qu'on appelle peuplier, qu'elles la lient d'un ruban de fil blanc avec leurs bas de chausses; & après l'avoir mis sous le chevet da lit où elles doivent dormir la nuit, elles se frotteront les tempes avec un peu de sang d'un oiseau que l'on nomme huppe, & diront en se couchant l'oraison suivante à l'intention de ce qu'elles veulent savoir.

ORAISON.

Kyrios clementissime, qui Abraham servo tuo dedisti uxorem Saram, & filio ejus obedientissimo, per admirabile signum indicati Rebeccam uxorem: indica mihi ancillæ tuæ quem sim nuptura virum, per ministerium tuorum spirituum Balideth, Assaibi, Abumalith. Amen.

Il faut le matin suivant, lorsqu'on s'éveille, se remettre en esprit ce que l'on aura vu en songe durant la nuit, & si en dormant on n'a vu aucune apparence d'homme, on doit continuer pendant la nuit de trois Vendredis de suite; si la fille n'a point la représentation d'homme durant les trois nuits, elle peut croire qu'elle ne sera point mariée. Les Veuves peuvent faire cette expérience aussi-bien que les filles, avec-cette différence, qu'au lieu que les filles se couchent du côte du chevet, les Veuves se doivent coucher du côté des pieds du lit en y transportant le chevet.

Pour les Garçons & les Hommes veufs qui voudront voir en songe les Femmes qu'ils épouseront.

Il faut qu'ils aient da corail pulvérisée, de la poudre d'aimant quils délaïeront ensemble avec du sang d'un pigeon blanc; ils feront un petit morceau de pâte, qu'ils renfermeront dans une large figure, &

après l'avoir enveloppée dans un morceau
de taffetas bleu, ils la pendront à leur cou,
& mettront sous le linceul de leur chevet une branche de mirthe, diront en se
couchant l'Oraison ci-devant marquée, en
changeant seulement ces mots :
*Ancillæ tuæ quem sim nuptura, virum, en ceux-
ci qui leur conviennent, servo tuo quam sim nupturus uxorem.*

Du choix d'un époux.

Dans un endroit découvert, on étend
une nappe blanche dont les quatre
coins sont dirigés vers les quatre points
cardinaux. La jeune fille qui veut se marier
place à chaque angle une poignée de grains
consacrés, puis elle récite l'exorcisme de
l'air.

Alors des oiseaux viennent manger
le grain ; elle observe le point d'où vient
le premier oiseau c'est de ce côté-là que
viendra le mari qu'elle doit choisir.

Du choix d'une épouse.

On prend trois mottes de terre semblables et provenant: la 1re d une fourmilière, la 2e, d'un carrefour, la 3e, d'un cimetière. On récite l'oraison des Gnomes en faisant l'imposition des mains sur ces trois mottes et on dit à la jeune fille qu'on veut épouser d'en choisir une.

Si elle désigne la première, elle sera bonne épouse et bonne ménagère; la deuxième, elle sera volage; la troisième, elle mourra avant d'être mère.

Autre moyen.

On prend un vase d'eau consacrée par l'oraison des ondines, et on demande à la jeune fille d'y plonger la main de façon à en faire sauter quelques gouttes. Si l'eau retombe du côté de l'Orient, c'est signe qu'on sera heureux en ménage avec elle.

JALOUSIES & INFIDÉLITÉS

Pour nouer l'Aiguillette.

Ayez la verge d'un Loup nouvelle ment tué, & étant proche de la portée de celui que vous voudrez lier, vous l'appellerez par son propre nom, & aussitôt qu'il aura répondu, vous lierez ladite verge du Loup avec un la cet de fil blanc, & il fera rendu si impuissant à l'acte de Vénus, qu'il ne le seroit pas davantage s'il étoit châtré. De bonnes expériences ont fait connoître que pour remédier, & du même pout empêcher cette espéce d'enchantement, il n'y a qu'à porter un anneau dans lequel soit enchassé l'oeil droit d'une Belette.

Pour empêcher une femme d'aller à un rendez-vous.

Faites brûler un lézard dans un vase de grès ; quand il est réduit en cendre placez celle-ci dans la corne d'un bouc tué pendant une nouvelle lune. Le jour où vous voudrez empêcher cette femme d'aller au rendez-vous que votre rival lui a donné, vous tracerez devant sa porte trois traits avec la cendre préparée comme il a été dit et elle ne pourra pas mettre le pied dehors jusqu'au lever du soleil.

Pour se garantir du Cocuage.

Prenez le bout d'un membre génital d'un loup, le poil de ses yeux, & celui qui est à sa gueule en forme de barbe : réduisez cela en poudre par calcination, & le faites avaler à la femme sans qu'elle le sache, & l'on pourra être assuré de sa fidélité ; la mouelle de l'épine du dos du loup fait le même effet.

Pour empêcher la Copulation.

Pour cette expérience, faut avoir un crayon neuf, puis, par un samedi, à l'heure précise du lever de la Lune, vous tracerez sur du parchemin vierge que vous

collerez derrière la porte où couchent les personnes, les caractères de la figure ci-dessous, ainsi que les mots : *Consummatum est*, et vous romperez la pointe du crayon dans la porte.

Pour assurer la fidélité de deux
amants séparés par un voyage de
quelque durée.

Ils porteront tous les deux un bracelet at-
taché au bras gauche et formés avec les
brins d'une même plante que les Hindous
appellent « Sauvarcala » qui a une odeur
très forte, faisant pleurer, qui a des vertus
aphrodisiaques, et dont la racine, comme
celle de la mandragore, affecte générale-
ment une forme humaine.

Pour empêcher que la femme
puisse paillarder avec quelqu'un.

Ceux qui sont obligés de s'absenter
pour long-tems de leur maison, &
qui ont des femmes suspectes & sujettes à
caution, pourront, pour leur sûreté, prati-
quer ce qui suit. Il faut prendre un peu des
cheveux de la femme, & les couper menus comme poussiere; puis aïant enduit
le membre viril avec un peu de bon miel,

& jetté la poudre de cheveux dessus, on procédera à l'acte vénérien avec la femme, & elle aura ensuite un très grand dégoût pour le déduit : si le Mari veut la faire revenir de ce dégoût, qu'il prenne de ses propres cheveux, qu'il les coupe en poussiere comme il a fait de ceux de la femme, & après avoir oint son membre viril avec du miel & de la civette, & l'avoir saupoudré de ses cheveux, il procédera à l'acte avec contentement de la femme.

Contre les aiguillons de la chair, & pour vivre chastement.

Quoique les alimens assaisonnés avec laitue & pourpier soient fort utiles pour amortir l'ardeur de la concupiscence, néanmoins comme on n'en trouve pas dans toutes les saisons, & que l'on se pourroit ennuyer de cette mangeaille, à l'imitation des Israélites qui s'ennuyerent de la Manne du Désert, la nature a pourvu de plusiers autres remedes. Vous prendrez

donc de la poudre d'Agate, que vous mettrez dans une bande de linge que l'on aura
trempée dans la graisse de Loup, & l'on
ceindre les reins de cette bande en guise de
ceinture; outre cela, l'homme portera sur
soi un coeur de Caille mâle, & la femme
celui d'une Caille femelle, & il aura plus
d'effet s'il est enveloppé dans un morceau
de peau de Loup.

Contre le charme de l'Aiguillette nouée.

Nos Anciens assurent que l'oiseau que
l'on appelle Pivert, est un souverain
remede contre le sortilége de l'Aiguillette
nouée, si on le mange rôti à jeun avec du
sel beni... si on respire la fumée de la dent
brûlée d'un homme mort depuis peu, on
sera pareillement délivré du charme. Le
même effet arrive, si on met du vif-argent
dans un chalumeau de paille d'avoine ou
de paille de froment, & que l'on mette ce
chalumeau de paille de froment ou d'avoi-

ne sous le chevet du lit où couche celui qui est atteint de ce maléfice... Si l'homme & la femme font affligés de ce charme, il faut pour en être guéris que l'homme pisse à travers de l'anneau nuptial.

Contre le sortilège de l'aiguillette nouée.

Nos Anciens assurent que l'oiseau que l'on appelle pivert est un souverain remède contre le sortilège de l'aiguillette nouée, si on le mange rôti à jeun avec du sel bénit... Si on respire la fumée de la dent brûlée d'un homme mort depuis peu, on sera pareillement délivré du charme...

Le même effet arrive, si on met du vif-argent dans un chalumeau de paille d'avoine ou de paille de froment, et que l'on mette ce chalumeau de paille de froment ou d'avoine sous le chevet du lit où couche celui qui est atteint de ce maléfice... Si l'homme et la femme font affligés de ce charme, il faut pour en être guéris

que l'homme pisse à travers de l'anneau
nuptial que la femme tiendra pendant qu'il
pissera.

Pour modérer le trop grand desir de l'action de Vénus dans la femme.

Réduisez en poudre le membre génital
d'un Taureau roux, & donnez le poids
d'un écu de cette poudre dans un bouillon
composé de veau, de pourpier & de laitue
à la femme trop convoiteuse; & l'on n'en
sera plus importuné, mais au contraire elle
aura aversion de l'action vénérienne.

Pour rendre le calme à un jaloux.

On plonge un fer de hache rougie au
feu dans un bol d'eau consacrée;
après quoi on fait boire au jaloux l'eau
ainsi échauffée.

Pour résister aux artifices d'une femme dangereuse.

Quand vous craignez les tentations d'une créature qu'on sent instinctivement devoir vous être fatale, on prend une poignée de terre sur laquelle ait marché une chèvre noire, on ta rapporte chez soi dans un sachet fabriqué avec la peau d'un crapaud séchée au soleil. On la garde au moins trois jours dans une chambre dont les volets restent fermés.

Ceci fait, au jour et à l'heure de Saturne, on plonge son pouce gauche dans cette terre et l'on se marque le front, les paupières, le menton, le dedans des mains et le dessus des pieds.

On emporte ce qui reste de terre, on va la jeter contre la porte de la maison où habite la femme, et l'on rentre chez soi sans retourner la tête.

CHARMES MERVEILLEUX & AUTRES SECRETS

Talisman de Vénus, au Vendredi.

Ce Talisman doit être formé sur une plaque ronde de cuivre bien purifié & poli. On imprimera sur un de ses côtés le nombre mystérieux de cent septante-cinq, distribué en sept lignes, comme il est ici marqué.

Et de l'autre côté de la plaque on imprimera la figure hiéroglifique de la Planéte, qui sera une Femme lascivement vêtue, aïant proche de sa cuisse droite un Cupidon tenant un arc & une fleche enflammée, & la femme tiendra dans sa main gauche un instrument de musique comme une guittare, & au-dessus de sa tête une Etoile brillante, avec ce mot Vénus. L'impression se fera avec les fers dans le moment que l'on aura prévu que la constellation de Vénus fera en bon aspect avec quelque Planéte favorable, la Lune étant entrée au premier dégré du signe du Taureau ou de Virgo. L'opération étant finie, vous envelopperez le Talisman dans un morceau d'étoffe de soie verte. Et cetui qui portera avec révérence ce Talisman, peut s'assurer d'avoir les bonnes graces de tous ceux qu'il souhaitera, & d'être aimé ardemment, tant des femmes que des hommes : il a aussi la vertu de réconcilier les inimitiés mortelles, en faisant boire quelque liqueur dans laquelle il aura été mis; de maniere que l'on devient intimes amis; il rend aussi industrieux & fort habile en l'art de musique.

VENUS

22	47	16	41	10	35	4
5	23	48	17	42	11	29
30	6	24	49	18	36	12
13	31	7	25	43	19	37
38	14	32	1	26	44	20
21	39	8	33	2	27	45
46	15	40	9	34	3	28

Pour faire venir trois Demoiselles ou
trois Messieurs dans sa chambre,
après souper.

Préparation.

Il faut être trois jours sans tirer de mercure, et vous lèverez : le quatrième, vous
nettoierez et préparerez votre chambre
dès le matin, sitôt que vous serez habillé,
le tout à jeun, et vous ferez en sorte qu'on
ne la gâte point dans le reste de la journée,
et vous remarquerez qu'il faut qu'il n'y ait
rien de pendu ou de croché, comme tapis-
series, habits, chapeaux, cages à oiseaux,
rideaux de lit, etc., et surtout mettez des
draps blancs à votre lit.

Cérémonie.

A la fin du souper, vas secrètement à
ta chambre, préparée comme dessus;
fais bon feu; mets une nappe blanche sur
la table, trois chaises autour, et vis-à-vis
des sièges, trois pains de froment, et trois

verres pleins d'eau claire et fraîche; puis
mets une chaise ou un fauteuil à côté de
ton lit, ensuite couche-toi, et dis les pa-
roles suivantes :

Conjuration.

BESTICIRUM confolatio veni ad me vertu Creon, Creon, Creon, cantor Laudem omnipotentis et non commentur. Star superior carta bient Laudem omviestra principiem da montem et inimicos meos ô prostantis vobis et mihi dantes quo passium fieri sui cisibilis.

Les trois personnes étant venues, s'as-
soiront auprès du feu, buvant, mangeant
et puis remercieront celui ou celle qui les
aura reçus : car si c'est une Demoiselle
qui fait cette cérémonie, il viendra trois
Messieurs; et si c'est un homme, il viendra trois Demoiselles. Ces trois personnes
tireront au sort entr'elles, pour savoir celle
qui demeurera avec soi : elle se mettra dans
le fauteuil ou la chaise que tu leur auras
destinée, auprès de ton lit, et elle restera

à causer avec toi jusqu'à minuit; et à cette heure, elle s'en ira avec ses compagnes, sans qu'il soit besoin de les renvoyer. A l'égard des deux autres, elles se tiendront auprès du feu pendant que l'autre t'entretiendra; et pendant qu'elle sera avec toi, tu peux l'interroger sur tel art ou telle science, et telle chose que tu voudras; elle te rendra sur le champ réponse positive. Tu peux aussi lui demander si elle sait quelque trésor caché, et elle t'enseignera le lieu, la place, et l'heure commode pour le lever, même s'y trouvera avec ses compagnes. pour te défendre contre les atteintes des Esprits infernaux qui pourroient en avoir la possession; et en partant d'auprès de toi, elle te donnera un anneau, qui te rendra fortuné au jeu en le portant à ton doigt; et si tu le mets au doigt d'une femme ou fille, tu en jouiras sur le champ.

Nota. — Que tu dois laisser la fenêtre ouverte, afin qu'elle puisse entrer. Tu pourras répéter cette même cérémonie tant de fois que tu voudras.

Pour faire venir une fille vous trouver, si sage soit-elle : expérience d'une force merveilleuse, des Intelligences supérieures.

Il faut remarquer au croissant, ou au décours de la lune, une étoile très brillante entre onze heures et minuit ; Mais avant de commencer, faites ce qui suit.

Prenez du parchemin vierge, écrivez dessus le nom de celle que vous voulez faire venir. Il faudra que le parchemin soit taillé de la façon représentée, ligne première de la présente figure.

Les deux N.N. marque la place des noms. De l'autre côté, vous écrirez ces mots : Machidael Barefchas ; puis vous mettez le parchemin par terre, le nom de la personne contre terre, le pied droit dessus et le genou gauche à terre ; lors regardant la plus brillante étoile, faut en main droite une chandelle de cire blanche qui puisse durer une heure ; vous direz la salutation suivante.

Conjuration.

Je vous salue, et conjure, ô belle lune et belle étoile, ainsi que la brillante lumière que je tiens a la main, par l'air qui est en moi, et par la terre que je touche. Je vous conjure, par tous les noms des Esprits princes qui président en vous, par le nom ineffable On, qui a tout créé, par toi bel Ange Gabriel avec le Prince Mercure, Michael et Melchidael. Je vous conjure de rechef par toutes les appellations de Dieu : que vous envoyiez obséder, tourmenter, travailler le corps, l'Esprit, l'âme et les cinq sens de N. dont le nom est écrit ci-dessous ; de sorte qu'elle vienne vers moi et accomplisse ma volonté, qu'elle n'ait d'amitié pour personne du monde, en particulier pour N. tant qu'elle sera indifférente envers moi. Qu'elle ne puisse durer, qu'elle soit obsédée, qu'elle souffre et soit tourmentée. Allez, donc, promptement Melchidael, Bareschas, Zazel, Tiriel, Malcha et tous ceux qui sont sous vos ordres. Je vous conjure, par le grand Dieu vivant, de l'envoyer promptement pour accomplir ma volonté. Moi N. je promets de vous satisfaire.

Après avoir prononcé trois fois cette conjuration, mettez la bougie sur le parchemin et la laissez se consumer. Le lendemain, prenez ledit parchemin et le mettez dans votre soulier gauche, et l'y laissez jusqu'à ce que la personne pour laquelle vous avez opéré soit venue vous trouver.

Il faut spécifier dans la conjuration, le jour que vous souhaitez qu'elle vienne, et elle n'y manquera pas.

Pour faire danser une fille nue en chemise.

Prenez de la marjolaine sauvage, de la franche marjolaine, du thym sauvage, de la verveine, des feuilles de mirthe, avec trois feuilles de noyer & trois petites souches de fenouil, tout cela cueilli la veille de la S. Jean au mois de Juin avant le Soleil levé, il faut les faire sécher à l'ombre, les mettre en poudre & les passer au fin tamis de soie; & quand on veut exécuter ce joli badinage, il faut souffler de cette poudre en l'air dans l'endroit où est la fille, en sorte qu'elle la puisse respirer, ou lui en faire prendre en guise da tabac, & l'effet suivra de près. Un fameux Auteur ajoute que l'effet fera encore plus infaillible si cette expérience gaillarde se fait dans un lieu où il y ait des lampes allumées avec de la graisse de liévre & de jeune bouc.

Pour faire danser une jeune fille nue.

Ecrivez sur du parchemin vierge les caractères de la figure avec le sang de
chauve-souris, puis mettez-la sur une pierre bénite pour qu'une messe soit dite dessus. Après quoi, quand vous voudrez vous
en servir, placez ce caractère sous le seuil
de la porte où doit passer la personne. A
peine aura-t-elle fait ce trajet que vous la

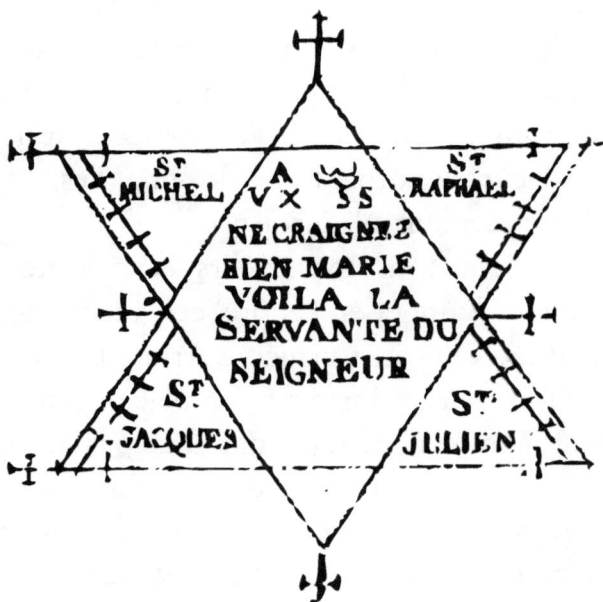

verrez entrer en fureur et se déshabiller,
et elle danserait toute nue jusqu'à la mort,
si l'on n'ôtait pas le caractère avec des gri-
maces et contorsions qui font plus de pitié
que d'envie.

Pour faire venir une personne.

Fagot brûle le coeur, le corps, l'âme, le
sang, l'esprit, l'entendement N. par le
feu, par le ciel, par la terre, par l'arc-en-
ciel, par Mars, Mercure, Vénus, Jupiter,
Feppé, Feppé, Feppé, Elera, et au nom
de tous les Diables, Fago, possede, brûle
le coeur, le corps, l'âme, le sang, l'esprit,
l'entendement N. jusqu'à ce qu'il vienne
accomplir tous mes désirs et volontés.
Va en foudre et en cendre, et en tempête,
Santos, Quisor, Carracos, Arné, Tourne,
qu'il ne puisse dormir, ni en place demeu-
rer, ni faire, ni manger, ni rivière passer, ni
à cheval monter; ni homme, ni femme, ni
fille parler jusqu'à ce qu'il soit venu pour
accomplir tous mes désirs et volontés.

Pour faire danser tout nu.

Il faut ramasser la veille de la St. Jean-Baptiste, à minuit, trois feuilles de noyer, trois plantes de marjolaine, trois plantes de mirthe et trois plantes de verveine, faire sécher le tout à l'ombre, le mettre en poudre et en jeter comme une petite pincée de tabac en l'air dans la chambre où sont les personnes que l'on veut jouer.

LA BEAUTÉ, LE CORPS & LES SOINS

Pour dissoudre la formation du
Phœtus, procurer l'avortement.

Dès qu'une Fille voit son cours suspendu, qu'elle se sent des maux de
cœur, et des envies de vomir, il faut quelle
prenne de la Sabine bouillie dans du thé
et mettre trois fois par jour dans le pied
de ses bas de la Rhue; et si le Phœtus est
animé, il faut qu'elle prenne dans du lait
pendant huit jours six goutes d'Olium
Gagatis; si l'Apoticaire ne veut point en
donner, on peut le faire en mettant du Jai
avec de la Sabine entre deux plaques de
fer rouge, que vous mettez en presse.

Pour rétablir la peau ridée du ventre des jeunes Femmes après plusieurs accouchemens.

Vous composerez une pommade avec de la Térébenthine de Venise, du lait de feuilles d'asperges, du fromage blanc de Vache qui soit aigri, & du cristal minéral, puis aïant frotté le ventre avec une petite éponge empreinte de jus de citron, on appliquera un emplâtre de ladite pommade sur le ventre, & l'on réitérera ce Secret plusieurs fois, & on aura contentement.

Pour réparer le pucelage perdu.

Prenez terre bénite de Venise demi-once, un peu de lait provenant des feuilles d'Asperges, un quart d'once de crystal minéral infusé dans un jus de Citron, ou jus de Prunes vertes, un blanc d'oeuf frais avec un peu de farine d'avoine : de tout cela faites un bolus qui ait un peu de consistance, & vous le mettrez dans la nature de la fille défleurée, après l'avoir seringuée avec du lait de Chévre & ointe de pommade de blanc Rasis. Vous n'aurez pas pratiqué ce Secret quatre ou cinq fois, que la fille reviendra en état de tromper la Matrone qui la voudroit visiter... L'eau d'Espargoute distillée avec du jus de Citron, étant seringuée plusieurs jours de suite dans la nature de la fille, produit le même effet, en oignant la partie avec pommade, comme est dit ci-devant.

Pour connoître si une Fille est chaste, ou si elle a été corrompue & a engendré.

Vous prendrez du Jeais ou Jayet, que vous réduirez en poudre impalpable; vous en ferez prendre le poids d'un écu à la fille; & si la fille a été corrompue, il lui sera du tout impossible de retenir son urine, & il faudra qu'elle pisse incontinent: si au contraire elle est chaste, elle retiendra son urine plus qu'à l'ordinaire. L'ambre jaune ou blanc, dont on fait des colliers & des chapelets, produit la même épreuve, si l'on s'en sert avec la même préparation que le Jeais ou Jayet : la semence de Porcelaine, la feuille de Glouteron & la racine, réduites en poudre, & données à boire dans un bouillon ou autre liqueur, servent fort bien à la même épreuve.

Autre pour le même sujet.

Ayez une aiguillez de fil blanc, mesurez avec ce fil la grosseur du cou de la fille, puis vous doublerez cette mesure, & vous en ferez tenir les deux bouts à la fille avec ses dents, & vous étendrez ladite mesure pour faire passer sa tête dedans; si la tête passe trop aisément, elle est corrompue, si elle ne passe qu'à peine, assurez-vous qu'elle est pucelle.

Pour faire la véritable Eau de la Reine de Hongrie.

Vous mettrez dans un alambic une livre & demie de fleurs de romarin bien fraîches, demie livre de fleurs de pouillot, une demie livre de fleurs de marjolaine, demie livre de fleurs de lavande, & dessus tout cela trois pintes de bonne eau-de-vie; aïant bien bouché l'alambic, pour empêcher l'évaporation, vous le mettrez durant vingtquatre heures en digestion dans le fumier de cheval bien chaud; puis vous le mettrez distiller au bain-marie. L'usage de cette eau est d'en prendre une ou deux fois la semaine, le matin à jeun, environ la quantité d'une dragme, avec quelque autre liqueur ou boisson, de s'en laver le visage & tous les membres où l'on se sent quelque douleur & débilité. Ce remede renouvelle les forces, rend l'esprit net, dissipant les fuliginosités, conforte la vue & la conserve jusqu'à la vieillesse décrépite, fait paroître jeune la personne qui en use, est admirable pour l'estomac

& la poitrine, en s'en frottant par-dessus : ce remede ne veut point être chauffé, soit que l'on s'en serve par potions ou par friction. Cette recette est la véritable qui fut donnée à Isabelle, Reine de Hongrie.

Plusieurs manieres pour faire des Eaux excellentes pour ôter les boutons du visage & bien nétoïer la face, tant de l'homme que de la femme.

Vous envelopperez du salpêtre dans un linge fin; puis l'aïant trempé en eau claire, vous toucherez les boutons avec ledit linge trempé. Il y a une eau qui est d'un bon usage pour embellir la face, & que je conseille plus volontiers que ce que je viens de dire du salpêtre. Vous prendrez deux pintes d'eau dans quoi vous aurez fait cuire des feves fageolles tant qu'elles se réduisent presque en pâte; cette eau étant mise dans un alambic, vous y joindrez deux poignées de mouron, deux poignées d'argentine, une livre de veau haché, avec six oeufs frais, & sur tout cela une chopine de vinaigre blanc. Vous distillerez cette mixtion au bain-marie, & vous aurez une eau excellente pour dissiper les rougeurs du visage, en le lavant soir & matin. Je sais qu'il y a une infinité de personnes qui craignent que ces distillations ne les rendent vieilles dès leur jeune âge; mais en voici une qui a un effet tout contraire, puisqu'elle fait paroître jeunes les personnes d'un âge avancé. Vous pétrirez un pain avec trois livres de farine de froment, & une livre de farine de feves, avec du lait de chevre, sans levain trop aigre; quand vous l'aurez fait cuire au four, vous en ôterez toute la mie, que vous imbiberez bien avec de nouveau lait de chevre & six blancs d'oeufs passés à l'éponge; ajoutez-y une once de coquille d'oeufs calcinée & mêlangées; cela étant dans un alambic, vous en ferez une distillation au feu de sable, & vous aurez une excellente eau rajeunissante, en vous en frottant tous les jours le visage, qu'elle rendra uni & poli comme une glace. Ceux ou celles qui ont le visage brun ou un peu basané, pourront le faire devenir blanc comme neige, en se servant de la véritable eau de Venise, qui se fait en la maniere suivante. Vous prendrez deux pinte de lait d'une vache noire, au mois de Mai, une pinte d'eau de la vigne quand elle pleure, huit citrons & quatre oranges, hachées menu par tranches, deux onces de sucre candi, une demie once de borax bien pulvérisé, quatre oignons de Narcisse pilés, & vous mettrez tout cela distiller & rectifier au bain-marie, & vous en conserverez l'eau dans une bouteille bien bouchée.

Poudre exquise pour embellir le visage, sans craindre que dans la suite il le roussisse ou se coupe comme fais le fard.

Vous prendrez trente pieds de moutons & six pieds de veaux, dont vous ôterez toute la chair, & ne vous servirez que de ceux qui sont longs, vous les concasserez le mieux que vous pourrez, &

vous prendrez bien garde à la mouëlle qui
s'y trouvera, vous les mettrez bien cuire
dans un grand pot de terre neuf, & aurez
soin dans le commencement du bouillon,
de l'écumer doucement pour en ôter l'or-
dure sans graisse; quand ils ont bouilli l'espace de trois heures, vous les laisserez bien
refroidir; puis avec une cuillere d'argent,
vous leverez la graisse sur la mouëlle qui
sera congelée sur la surface du pot, sans
en laisser aucunement; vous prendrez une
pareille pesanteur de graisse, de pane de
chevreau; & si ces deux graisses pesent une
demie livre, vous y ajouterez une dragme
de borax & autant d'alun de roche calciné,
deux onces d'huile des quatre semences
froides, & vous ferez bouillir le tout ensemble dans une pinte de vin blanc, qui
soit bien clair, & le laissant refroidir, vous
leverez toute la superficie de la graisse qui
sera congelée, & vous la laverez & modi-
fierez plusieurs fois dans de l'eau de rose,
jusqu'à ce qu'elle soit devenue fort blanche, & vous la mettrez dans de petits pots
de faïence pour vous en servir.

Composition d'une Savonette pour le visage & pour les mains, qui rend agréable la personne qui s'en sert.

Prenez une livre d'Iris de Florence, quatre onces de storax, deux onces de santal citrin, une demie once de clous de gérofles, autant de canelle fine, une noix muscade & douze grains d'ambre gris, que tout cela soit réduit en poudre passée au tamis; l'ambre gris se met séparément; puis prenez deux livres de bon savon blanc, qu'il faut raper & mettre dans trois chopines d'eau-de-vie, pour tremper quatre ou cinq jours; puis le paîtrissez avec de l'eau de fleurs d'oranger, & vous en ferez une pâte avec de l'amidon fin passé au tamis, & c'est pour lors que vous pourrez mélanger votre ambre gris dissous avec un peu de gomme adragant liquéfiée dans de l'eau de senteur; & de cette pâte vous formerez des savonnettes que vous sécherez à l'ombre, & les fermerez dans des boëtes avec du coton.

DE LA HAINE &
DES RIVAUX

Pour réconcilier des personnes
séparées par des questions d'intérêt.

La personne qui vent ramener la concorde entre des personnes alliées ou amies,
momentanément divisées, fait trois fois le
tour du village dans le sens des aiguilles
d'une montre, en portant un vase de grès
contenant de l'eau et du beurre fondu; il
renverse le tout sur la place et fait manger le
beurre aux personnes qu'il veut réconcilier,
en même temps que des portions grillées
provenant d'une génisse de trois ans. La
même cérémonie est répétée pour les divers aliments et boissons de ces personnes, pendant trois jours consécutifs, avec
un grand désir de ramener la concorde.

Pour triompher de ses rivaux.

On se procure une cordelette faite avec du chanvre récolté au jour de Vénus et qu'on a fait rouir pendant la pleine lune de septembre. On la coupe en autant de morceaux qu'on se connaît de rivaux auprès de la femme qu'on courtise.

Quand on a ces fragments de corde, on cache chacun d'eux, un soir à l'heure où la lune se lève, dans une anfractuosité des murs des maisons habitées par chacun de ces rivaux.

On va les reprendre sept jours après à la même heure ; on les place dans un flacon que l'on bouche avec un bouchon de liège neuf et qu'on cachète avec de la cire bleue consacrée ; puis on pose ce flacon sur un petit radeau forme de bâtons de sureau et on abandonne ce radeau et sa charge au fil d'une eau courante.

Pour triompher d'une rivale.

Une femme qui redoute une rivale se procure du lait d'une chèvre noire; elle l'allonge d'eau, y plonge des feuilles d'eucalyptus, dont on met une sur le lit, l'autre dessous. Les autres sont broyées dans ce lait, et la composition ainsi obtenue est répandue autour du lit.

Pour réconcilier deux adversaires.

Les Hindous prescrivent à l'une des deux personnes de bander un arc en se tenant dans l'ombre de l'autre personne. Un autre rite conseille à la personne qui veut se réconcilier d'aborder l'autre en tenant à la main une pierre quelle pose à terre et sur laquelle toutes les deux crachent. Cela figure la fondation d'une nouvelle amitié, et c'est ce que les livres sacrés des Védas appellent « enterrer la colère ».

Pour ramener un fiancé attiré par une autre femme.

On fait un sachet avec la peau d'une vache tuée dans une ferme où il y avait un mort, au moment où l'on procédait à la levée du corps ; dans ce sachet, on met quelques menus objets qui aient été portés par la rivale et que l'on a réduits en poussière,(autant que possible des fleurs qu'elle ait mises sur elle et toujours une mèche de ses cheveux). On cache le sac ainsi rempli sous trois pierres, devant sa porte.

Autre moyen.

Avec des cheveux de la rivale, on forme trois anneaux attachés chacun avec un fil de soie noire et on creuse un trou dans lequel on enfouit alternativement un anneau, une pierre, etc. On prononce en même temps des imprécations contre cette femme. Mais celle-ci pourrait détruire le charme si elle découvrait la cachette, en disant: « *Si l'on a enfoui son bonheur sous trois pierres, je le déterre aujourd'hui et je m'en enrichis.* »

Pour détourner une mauvaise rencontre.

Faites trois pas en arrière en regardant continuellement la personne et dites: « *Contre toi, Verbo san Diboliâ herbonos.* »

TABLE.

POUR SE FAIRE AIMER

POUR LES UNIONS, LES ÉPOUX & ÉPOUSES

JALOUSIES & INFIDÉLITÉS

CHARMES MERVEILLEUX
& AUTRES SECRETS

LA BEAUTÉ, LE CORPS
& LES SOINS

DE LA HAINE & DES RIVAUX